Bibliografische Information der Deutschen Nationalbibliothek:

Die Deutsche Bibliothek verzeichnet diese Publikation in der Deutschen Nationalbibliografie; detaillierte bibliografische Daten sind im Internet über http://dnb.d-nb.de/ abrufbar.

Impressum:

Druck und Bindung: Books on Demand GmbH, Norderstedt Germany
ISBN: 9783668716247

Dieses Buch bei GRIN:

https://www.grin.com/document/427248

Susanne Wimmer

Psychologie des Gesundheitsverhaltens

Selbstwirksamkeit, chronische Erkrankungen, Beratungsgespräch

GRIN Verlag

Deutsche Hochschule für

Prävention und Gesundheitsmanagement

Hermann Neuberger Sportschule 3

66123 Saarbrücken

Einsendeaufgabe

Fachmodul: Psychologie des Gesundheitsverhaltens

Studiengang: Gesundheitsmanagement

Datum

Präsenzphase 25.04.-27.04.2016

Name, Vorname: Wimmer, Susanne

Studienort: München

Semester: 2015 WS

Inhaltsverzeichnis

1 Selbstwirksamkeitserwartung

1.1 Definieren Sie den Begriff „Selbstwirksamkeitserwartung".

Der Begriff Selbstwirksamkeitserwartung – oder auch Kompetenzerwartung – beschreibt die Fähigkeit, die sich eine Person zuschreibt, ein bestimmtes Verhalten ausüben oder nicht ausüben zu können. Diese Fähigkeit ist abhängig von gewissen Handlungsstrategien, die eine Person besitzt oder nicht besitzt (vgl. Prof. Dr. Andrea Pieter, 2015, S. 132). Laut Bandura führt eine Person eine Handlung nur dann aus, wenn sie mit ihr eine hohe Selbstwirksamkeitserwartung sowie Ergebniserwartung verbindet (vgl. Prof. Dr. Andrea Pieter, 2015, S. 133). Die Selbstwirksamkeit bestimmt über die Anstrengungsbereitschaft und darüber wie ausdauernd eine Anforderung bewältigt wird (vgl. Prof. Dr. Andrea Pieter, 2015, S. 135). „Je geringer die Selbstwirksamkeitserwartung, umso weniger strengt sich eine Person an und umso früher wird sie aufgeben (siehe Prof. Dr. Andrea Pieter ,2015, S.135).

Diese Fähigkeit, eine Handlung ausüben zu können, kann erworben werden. Laut Bandura teilen sich die Bereiche, aus denen man hier schöpfen kann, in 4 unterschiedliche Quellen auf. Selbstwirksamkeitserwartung kann erworben werden aus:

- direkten Erfahrungen → Anforderungen werden erfolgreich bewältigt
- indirekten Erfahrungen → stellvertretende Erfahrung durch Beobachten einer Modellperson
- symbolische Erfahrung → Mitteilung anderer Personen über die eigenen Kompetenzen
- Gefühlserregung → Physiologische Prozesse im Körper werden als Signal der eigenen Kompetenz gewertet

(siehe Prof. Dr. Andrea Pieter, 2015, S. 133)

Diese Quellen haben einen unterschiedlich starken Einfluss auf die Selbstwirksamkeitserwartung. Direkte Erfahrungen haben den größten Einfluss, danach kommen – in absteigender Reihenfolge – die indirekten Erfahrungen, die symbolischen Erfahrungen sowie die Gefühlserregungen (vgl. Prof. Dr. Andrea Pieter, 2015, S.133).

1.2 Messung der spezifischen Selbstwirksamkeitserwartung

Im Folgenden wurde eine Messung der Selbstwirksamkeit zum Thema „sportliche Aktivität" durchgeführt. Es wurden 10 Personen befragt, unter welchen Umständen sie sich vorstellen können, eine sportliche Aktivität durchzuführen.Hier wurden für jede Frage Punkte vergeben. Je mehr Punkte die Testpersonen vergeben, desto höher ist ihre Selbstwirksamkeit. Es konnten maximal 96 Punkte vergeben werden. Unter den 10 Befragten befanden sich 5 Personen, die regelmäßig Sport treiben und 5 Personen, die unregelmäßig bis nie Sport treiben. Die Frage, die sich vor der Durchführung der Befragung gestellt wurde, war, ob Personen, die regelmäßig Sport machen, einen anderen Grad der Selbstwirksamkeit besitzen, als jene, die keinen Sport betreiben. Das Ergebnis der Befragung wird in den folgenden beiden Säulendiagrammen dargestellt.

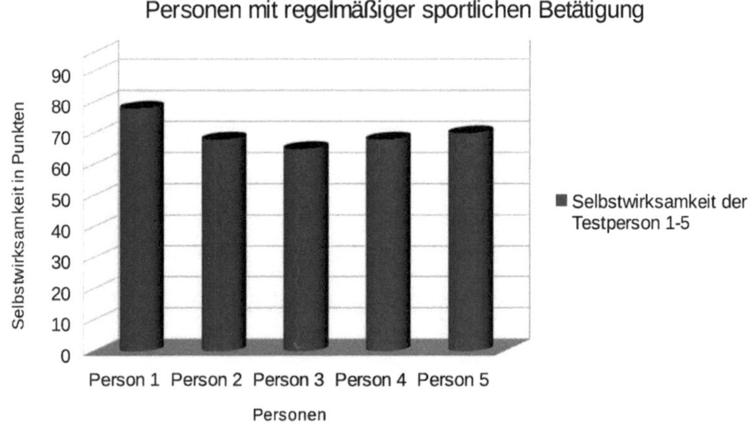

Abb. 1: Auswertung Teil 1 (eigene Darstellung)

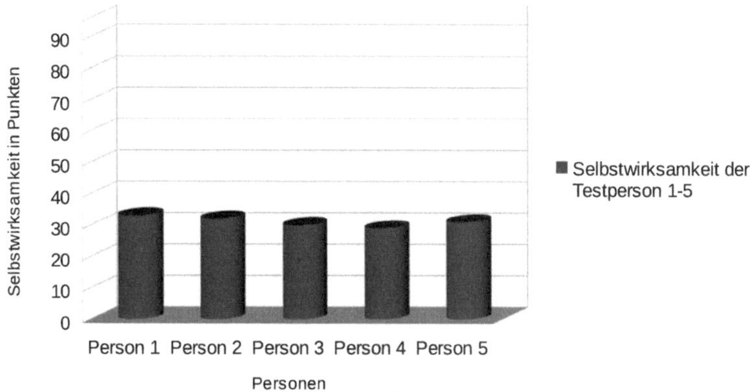

Abb. 2: Auswertung Teil 2 (eigene Darstellung)

Nach der Auswertung der Befragung konnte man deutlich sehen, dass jene Personen, die regelmäßig Sport betreiben, eine höhere Selbstwirksamkeit besitzen, wenn es darum geht, unter welchen Bedingungen sie bereit sind sich sportlich zu betätigen. Hier war es den Testpersonen egal, ob sie alleine zum Sport gehen müssen, Freunde oder Familie etwas unternehmen wollen oder sie niedergeschlagen sind – sie fühlten sich immer in der Lage zum Sport zu gehen. Lediglich bei dem Aspekt Arbeit war eine Abweichung zu erkennen – hier waren sich nur 2 Personen sicher, noch zum Sport gehen zu können. Den anderen 3 Personen war die Beendigung der Arbeit wichtiger als der Sport.

Bei den Personen, die selten bis nie Sport treiben, konnte man deutlich erkennen, dass deren Selbstwirksamkeit hinsichtlich der sportlichen Betätigung niedriger ist. Besonders bei den Aspekten Familie und Partnerschaft war deutlich zu sehen, dass hier die Prioritäten anders gesetzt werden.

Was bei allen Testpersonen zu beobachten war, ist, dass sie sich alle in der Lage fühlen zum Sport zu gehen, wenn sie Ärger haben. Bei diesem Aspekt zeigen diese Personen also eine – für sie – überdurchschnittliche Selbstwirksamkeit auf.

1.3 Studie zum Thema „Selbstwirksamkeitserwartung".

Link zur Studie: http://publications.rwth-aachen.de/record/62753/files/Ruholl_Sabine.pdf

Tab.1: Selbstwirksamkeitserwartung

Autor(en) der Studie	Sabine Ruholl geb. Grisar
Jahr	2007
Titel	Selbstwirksamkeit als Indikator für psychische Störungen - Status und Verlauf -
Fragestellung(en)	„Steht die Selbstwirksamkeit und verschiedene Diagnosen bei psychisch erkrankten Patienten ein einem Zusammenhang (siehe Sabine Ruholl, 2007, S. 32)?" „Existiert ein Zusammenhang zwischen der Selbstwirksamkeit und somato-psychosozialen Variablen (siehe Sabine Ruholl, 2007, S. 32)?" „Gibt es eine Beziehung der Selbstwirksamkeit zur „Inanspruchnahme" des Patienten bezüglich der Bedarfsmedikation (siehe Sabine Ruholl, 2007, S. 32)?"
Stichprobe	Es wurden 3 verschiedene Stichproben durchgeführt. „Bei der ersten Stichprobe handelt es sich um einen Querschnitt von 602 ambulanten Patienten, die im Zeitraum von 1995-98 in der psychosomatischen Poliklinik der Universitätsklinik Aachen ein Erstgespräch mit einem Therapeuten führten. Alle Patienten füllten vor dem Erstgespräch folgende Fragebögen aus: GBB, ASF, HADS-D, GKE, IIP. (siehe Sabine Ruholl, 2007, S.36)." 37,7 % waren männliche, der Rest weiblliche Patienten. Die meisten Patienten waren zwischen 30 und 39 Jahren alt, gefolgt von den 20 bis 29 Jährigen. Am wenigsten vertreten waren die über 60-Jährigen Patienten (vgl. Sabine Ruholl, 2007, S. 36). Die meisten Patienten kamen mit somatofomen Störungen, gefolgt von Angststörungen (vgl. Sabine Ruholl, 2007, S. 36). „Die zweite Stichprobe besteht aus 98 stationären Patienten, die in der Zeit zwischen 1995-98 in der psychosomatischen Poliklinik ein Erstgespräch führten und eine zeitlang später auf die - 37 - psychosomatische Station des Klinikums Aachen aufgenommen wurden. Diese Patienten füllten die gleichen Fragebogenmappen an drei Zeitpunkten aus: vor dem Erstgespräch, bei der stationären Aufnahme und bei der stationären Entlassung (siehe Sabine Ruholl, 2007, S. 36-37)." Unter den Patienten waren 45 Frauen und 53 Männer. Das meist vertrene Alter war das zwischen 30 und 39 Jahren, gefolgt von 40 bis 49 Jahren. Am wenigsten vertreten waren die über 60-Jährigen (vgl. Sabine Ruholl, 2007, S. 37). Hier kamen die meisten Patienten aufgrund von Angststörungen und somatoformen Störungen (vgl. Sabine Ruholl, 2007, S. 37). „In der dritten Stichprobe sind 181 Patienten enthalten, die sich ebenfalls in stationärer Behandlung der psychosomatischen Abteilung des Klinikums Aachen aufhielten. Sie füllten die Selbstwirksamkeitsfragebögen zu zwei Messzeitpunkten (stationäre Aufnahme und Entlassung) aus (siehe Sabine Ruholl, 2007, S. 37)." Die meisten Patienten waren unter 20 Jahre alt, gefolgt von den 30 bis 39 Jährigen (vgl. Sabine Ruholl, 2007, S. 38). Die häufigsten Diagnosen waren auch hier die somatoformen Störungen, gefolgt von Angststörungen (vgl. Sabine Ruholl, 2007, S. 38).
Material/ Tests	„Die Studie wurde mit Hilfe mehrerer Fragebögen durchgeführt, welche die Bereiche Selbstwirksamkeit, körperliche Beschwerden, Depression, Angst und interpersonelle Probleme testen (siehe Sabine Ruholl, 2007, S. 38)."

	Im einzelnen kamen die folgenden Tests zum Einsatz: - GKE und ASF zur Erhebung der Selbstwirksameit (vgl. Sabine Ruholl, 2007, S. 38). - GBB zur Erhebung körperlicher Beschwerden (vgl. Sabine Ruholl, 2007, S. 38). - HADS-D zur Erhebung von Angst und Depression (vgl. Sabine Ruholl, 2007, S. 38). - IIP zur Erhebung von interpersonellen Problemen (vgl. Sabine Ruholl, 2007, S. 38).
Untersuchungsdesign	Die Methode der Untersuchung war die mehrmalige Durchführung verschiedener Fragebögen. Durch diese Fragebögen wurde ein ganzheitlicher psychologischer, sowie physiologischer Zustand der Patienten festgestellt. Die Art der Messung ist von subjektiver Natur, da jeder Mensch solche Dinge (Selbstwirksamkeit, Angst, körperliche Beschwerden) individuell wahrnimmt sowie bewertet. Die Teilnehmer der Studie waren ambulante sowie stationär behandelte Patienten. Die Fragebögen wurden vor den Erstgesprächen in der Ambulanz, bzw. bei der Aufnahme und Entlassung bei stationärer Behandlung, von den Patienten ausgefüllt (vgl. Sabine Ruholl, 2007, S. 41). „Neben den Ergebnissen der Fragebögen wurden ergänzende Informationen aus den Patientenakten entnommen, um sie mit den Resultaten der Fragebögen in einen Zusammenhang bringen zu können (siehe Sabine Ruholl, 2007, S. 41)." „Für die Untersuchung der Korrelation von Selbstwirksamkeit und der Bedarfsmedikation während der stationären Therapie wurden neben den Ergebnissen der Fragebögen gleichzeitig Angaben über die Einnahme der Arzneimittel benötigt. Hierzu wurde jede einzelne Akte daraufhin geprüft, - 42 - ob ein Patient, neben seiner angeordneten Medikation, weitere Arzneien gefordert hatte (siehe Sabine Ruholl, 2007, S. 41-42)."
Ergebnisse	Die getesteten Patienten haben im Vergleich zur Vergleichsgruppe der Übersiedler, alle eine niedrigere Kompetenzerwartung (vgl. Sabine Ruholl, 2007, S.52). Bei einer geringen Selbstwirksamkeit wurden „hohe Werte für - 54 - Angst, Depression, Beschwerden und interpersonelle Probleme gemessen. Patienten mit einer hohen Selbstwirksamkeit haben weniger Angst, Depressionen, körperliche bzw. interpersonelle Probleme (siehe Sabine Ruholl, 2007, S. 53-54)." „Man erkennt, dass die Einnahme von Beruhigungsmitteln signifikant negativ mit der allgemeinen Selbstwirksamkeit, gemessen durch den GKE, korreliert. Das bedeutet, dass hier eine geringe Selbstwirksamkeit mit einer hohen Inanspruchnahme von Beruhigungsmitteln einhergeht (siehe Sabine Ruholl, 2007, S. 60)." „Je höher die Kompetenzerwartung ist, desto weniger Beruhigungsmedikamente konsumieren die Patienten auf der Station (siehe Sabine Ruholl, 2007, S. 64)." „Die Beziehung zwischen Selbstwirksamkeit und der Gruppe der somatischen Medikamente kann nicht bestätigt werden. Wahrscheinlich werden sie gleichzeitig zu sehr von anderen Faktoren wie den somatischen Erkrankungen beeinflusst (siehe Sabine Ruholl, 2007, S. 61)."

2 Chronische Erkrankungen

2.1 Definition

Eine einheitliche Definition von einer chronischen Erkrankung gibt es nicht. Im folgenden werden 2 verschiedene Definitionen vorgestellt.

„Als chronische Krankheiten werden lang andauernde Krankheiten bezeichnet, die nicht vollständig geheilt werden können und eine andauernde oder wiederkehrend erhöhte Inanspruchnahme von Leistungen des Gesundheitssystems nach sich ziehen (siehe Robert-Koch-Institut, 2012, S.1)."

Diese Definition legt ein hohes Augenmaß auf die Kosten von chronischen Erkrankungen. Durch die Tatsache, dass die Betroffenen nie geheilt werden können, kommen durch solche Erkrankungen enorme Kosten auf unser Gesundheitssystem zu.

Eine chronische Krankheit kann auch als „das Ergebnis eines länger andauernden Prozesses degenerativer Veränderung somatischer oder psychischer Zustände (siehe Pflegewiki, 2005-2016)" gesehen werden.

Bei dieser Art der Definition wird nicht nur Augenmerk auf die entstehenden Kosten gelegt, sondern es wird das Zusammenspiel von Psyche und Körper beschrieben. Es geht nicht nur um eine Veränderung des Körpers, sondern auch um die der Psyche.

2.2 Theoretische Grundlagen

Chronische Krankheiten verlaufen nicht immer gleich. Man unterscheidet hier in:

- chronisch kontinuierlich → Die Krankheit bleibt in einem Stadium stehen
- chronisch rezidivierend → Die Krankheit ist wiederkehrend
- progredient → Die Krankheit ist fortschreitend

Des weiteren fühlt sich nicht jeder Patient mit einer chronischen Krankheit zwangsweise krank. Es gibt kompensierte (der Patient fühlt sich gesund) und dekompensierte (der Patient fühlt sich durch seine Krankheit eingeschränkt) Verläufe.

(vgl. Pflegewiki, 2005-2016)

2.3 Entstehung

Oftmals liegen die Ursachen für chronische Krankheiten in einem Bereich, der von der Schulmedizin zu wenig beachtet wird. Chronische Krankheiten können aus dem Lebensstil heraus entstehen, wie z.B. Bluthochdruck oder Diabetes mellitus (vgl. Rene Gräber, 2016).

Aus schulmedizinischer Sicht wird die Entstehung chronischer Krankheiten eher außer Acht gelassen, da es für chronische Krankheiten „lauf Definition der Schulmedizin keine Heilung gibt (siehe Rene Gräber, 2016)".

2.4 Überblick über aktuelle Daten und Zahlen

„Fast 20% aller Bundesbürger gelten als chronisch krank (siehe Pflegewiki, 2005-2016). „43 % der Frauen und 38 % der Männer geben an, von mindestens einer chronischen Krankheit betroffen zu sein (siehe Robert Koch-Institut, 2014). "

Im Jahr 2008 starben weltweit 7,6 Millionen Menschen an Krebs, sowie 1,3 Millionen Menschen an Diabetes (vgl. Deutsches Ärzteblatt, 2011). „Die WHO vermutet, dass ca. 15 Prozent der Krankenkassenleistungen nur für Diabetes und deren Folgeschäden ausgegeben werden (siehe Rene Gärber, 2016)."

Bluthochdruck – eine Krankheit, die in bestimmten Fällen durch einen Lebensstilwandel verbessert oder sogar geheilt werden könnte – fordert jährlich ca. 7,5 Millionen Todesopfer, das macht 12,8 % der jährlichen Gesamtsterblichkeit aus (vgl. Rene Gärber, 2016).

Auch chronische Schmerzen – der häufigste ist hier der Rückenschmerz – gehören zu den chronischen Krankheiten. In Deutschland leiden ca. 2/3 an ihnen - Noch vor 10 Jahren war dieser Wert bei „nur" 1/3 der Deutschen (vgl. Rene Gärber, 2016).

Doch das Auftreten von chronischen Krankheiten ist nicht immer gleich. So ist es der Fall, dass die Häufigkeit von chronischen Erkrankungen mit steigendem Alter zunimmt (vgl. Robert Koch-Institut, 2014). „Der Anteil chronisch Kranker liegt in der jüngsten Altersgruppe unter einem Fünftel aller Befragten. Bei den ab 65-Jährigen geben deutlich mehr als die Hälfte der Männer und Frauen an, mindestens eine chronische Krankheit zu haben (siehe Robert Koch-Institut, 2014)."

2.5 Präventions- und Interventionsprogramme zur Reduktion von Gesundheitsrisiken

„In der Regel treten chronische Erkrankungen auf Vorschäden auf, die sich über Jahrzehnte entwickelt haben - wie einerseits bestimmte riskante Verhaltensweisen und Lebensstile diese Vorschäden beschleunigen, kann ein gezieltes gesundheitsförderliches Verhalten diese verhindern (siehe Prof. Dr. Markus Herrmann, 2016)." Deshalb ist die Gesundheitsförderung und Prävention eine wachsende Bedeutung, und das nicht erst im fortgeschrittenen Alter, sondern auch schon bei Kindern, Jugendlichen und jungen Erwachsenen (vgl. Prof. Dr. Markus Herrmann, 2016).

2.6 Konsequenzen für eine gesundheitsorientierte Beratung

Im Rahmen einer gesundheitsorientierten Beratung, hat der Berater die Aufgabe, sein Gegenüber darüber zu informieren, was er individuell für sich und seine Gesundheit tun kann (vgl. Prof. Dr. Markus Herrmann, 2016). Es sollen die Gesundheitsziele besprochen werden, und konkret auf die einzelnen Schritte eingegangen werden, damit dieses Ziel erreicht werden kann (vgl. Prof. Dr. Markus Herrmann, 2016).

3 Beratungsgespräch

Im Folgenden werden die Aufgaben 3.1-3.3 anhand des Fallbeispieles 2 bearbeitet.

3.1 Modell des gesundheitspsychologischen Verhaltens – Phase und Ziel

Um das Verhalten von Hr. Fischer einer Phase eines Modells des Gesundheitsverhaltens zuordnen zu können, habe ich mich für das Transtheoretische Modell (kurz: TTM) entschieden. Das Modell geht von 5 voneinander abgrenzbaren Phasen aus, in denen sich eine Person befinden kann (vgl. Prof. Dr. Andrea Pieter, 2015, S. 236).

Hr. Fischer befindet sich in der zweiten Phase, der Phase der Absichtsbildung. In dieser Phase wird erwogen, das eigene Verhalten innerhalb der nächsten Monate zu ändern (vgl. Prof. Dr. Andrea Pieter, 2015, S. 237). Hr. Fischer ist sein Problem bewusst und seine Veränderungsmotive – die ihn dazu bringen, dass er seine Rückenschmerzen loswerden möchte – verstärken sich. Hr. Fischer setzt sich bewusst mit seinem Verhalten auseinander, ergreift jedoch noch keine unmittelbare Maßnahme. Er ist momentan dabei, die Vor- und Nachteile abzuwägen und zu diesem Zeitpunkt überwiegen die Nachteile.

Das Ziel, das im Verlauf der Beratung erreicht werden soll, ist jenes, ihm über den sogenannten Rubikon zu helfen. In diesem Prozess wird sich der Klient – hier Hr. Fischer – dazu entschließen sein Verhalten zu ändern. Der Berater soll, in Zusammenarbeit mit Hr. Fischer, sein individuelles Ziel herausarbeiten und ihm den Nutzen seiner Verhaltensänderung deutlich machen.

3.2 Rolle des Beraters – erste Schritte in der gesundheitspsychologischen Beratung

Der Berater nimmt in der gesundheitspsychologischen Beratung die Rolle eines Coaches sowie eine personenzentrierte Haltung ein. Der Berater führt den Klienten durch dessen Entscheidungsprozess und unterstützt ihn beim Finden von Ideen und Strategien (vgl. Prof. Dr. Andrea Pieter, 2015, S. 263). Bei der gesundheitspsychologischen Beratung geht es nicht darum, den Kunden fertige Pläne zu einem vorgefertigten Ziel zu präsentieren, sondern Bedingungen zu schaffen, die dem Klienten dabei helfen sein optimales Ziel herauszufinden, sowie zu erreichen – man gibt also Hilfe zur Selbsthilfe (vgl. Prof. Dr. Andrea Pieter, 2015, S. 263-264). Ein Berater, der erfolgreich sein möchte – und das sollte das Ziel eines jeden Beraters sein – sollte während einer Beratung in eine Coachinghaltung übergehen. Diese charakterisiert sich durch folgende Punkte:

- wertschätzend sein → nicht verurteilen
- positive Beziehungsebene herstellen
- mehr fragen als anleiten
- Ideen des Klienten wahrnehmen und ausprobieren
- Lob für kleine Schritte geben
- lebensnahe Anregungen und Möglichkeiten aufzeigen → alltagsorientiert
- überzeugen statt überreden → dem Klienten nicht das Gefühl geben, man wolle ihm etwas verkaufen
- aktives zuhören → emotionales und kognitives Verstehen, Aufmerksamkeit zeigen

Die ersten Schritte in der Beratung lauten:

- Vorbereitung

- Kontaktaufnahme

- Aufbau einer persönlichen Beziehung

(vgl. Prof. Dr. Andrea Pieter, 2015, S. 264-266)

zu Vorbereitung:

Vor jedem Gespräch sollte man sich organisatorisch, sowie mental auf die Beratung einstimmen. Zur organisatorischen Vorbereitung gehört das bereitlegen von Unterlagen und Materialien, die im Gespräch benötigt werden (z.B. Terminkalender, Kursplan und/oder Flyer) (vgl. Prof. Dr. Andrea Pieter, 2015, S. 264).

Die mentale Vorbereitung ist ein zentraler Punkt der Beratung. Man prüft die eigene Einstellung hinsichtlich der eigenen Rolle (Fühle ich mich wohl?), der Situation (Habe ich Spaß bei dem was ich tue?) und des Klienten (Kann ich flexible auf unterschiedliche Typen eingehen?) (vgl. Prof. Dr. Andrea Pieter, 2015, S. 265). Dadurch erlangt man innere Sicherheit, die sich dann nach außen zeigen wird (vgl. Prof. Dr Andrea Pieter, 2015, S. 265).

zu Kontaktaufnahme:

Die Dienstleistung, die der Berater dem Klienten vorstellt, ist nicht greifbar – daher ist es besonders wichtig, dass der Berater einen guten Eindruck beim Klienten hinterlässt, da dieser seinen Eindruck auf das Unternehmen übertragen wird (vgl. Prof. Dr. Andrea Pieter, 2015, S. 265). Der Berater soll auf ein ordentliches Äußeres achten, Blickkontakt mit dem Klienten halten und eine freundliche Mimik, sowie Gestik, an den Tag legen (vgl. Prof. Dr. Andrea Pieter, 2015, S. 266).

zu Aufbau einer persönlichen Beziehung:

Der Berater soll von Anfang an darauf achten, dass eine positive Beziehungsebene aufgebaut wird, diese ist für den Erfolg der Beratung von höchster Wichtigkeit. Hierzu soll der Berater auf seine Rolle als Coach und Begleiter eingehen, wertschätzend sein und dem Klienten durch aktives Zuhören die Gewissheit vermitteln, dass dieser seine komplette Aufmerksamkeit hat.

3.3 Beratungsgespräch

Berater → Im folgenden B.

Hr. Fischer → Im Folgenden Hr.F.

Das Ziel dieser Beratung ist es, eine Bedarfsanalyse zu machen und Hr. Fischer dabei zu helfe, den Rubikon zu überqueren.

B.: Was führt Sie zu uns, Hr. Fischer?

Hr.F.: Ich habe seit einigen Monaten unregelmäßige Rückenschmerzen, und wollte mich über ihre Programme und Möglichkeiten informieren.

B.: Sie haben also Schmerzen – möchten Sie diese loswerden?*(Informationsgewinnung)*

Hr. F.: Das wäre super, ich weiß allerdings nicht wie das gehen soll.

B.: Haben Sie schon eine Diagnose vom Arzt? *(Informationsgewinnung)*

Hr.F.: Nein ich war noch nicht beim Arzt.

B.: Wie äußern sich die Probleme durch den Schmerz? *(offene Frage, Informationsgewinnung)*

Hr.F.: Ich bin bei der Arbeit unkonzentriert und muss manchmal Schmerztabletten nehmen, um durch den Tag zu kommen.

B.: Wie würden Sie den Schmerz der letzten 2 Wochen beziffern, auf einer Skala von 1-10?

Hr.F.: Eine 8.

B.: Also sind die Schmerzen akut?

Hr.F.: Ja.

B.: Auf was führen Sie den Schmerz zurück? *(offene Frage)*

Hr.F.: Ich schätze, dass das durch meinen Lebensstil ausgelöst wurde. Ich sitze viel, mache keinen Sport mehr und bewege mich in letzter Zeit aufgrund der Schmerzen immer weniger.

B.: Was glauben Sie, wie sich Ihre Situation verändern wird, wenn alles so bleibt wie es ist? *(Information, Aufklärung, Problembewusstsein schaffen)*

Hr.F.: Ich befürchte, dass meine Schmerzen immer schlimmer werden könnte, und das ich irgendwann ganz auf Schmerzmittel angewiesen sein werde.

B.: Was können Sie für sich selbst gewinnen, wenn Sie ihr Verhalten verändern? *(Waage, Kosten-Nutzen-Abwägung)*

Hr.F.: Ich hoffe wieder mehr Lebensqualität.

B.: Haben Sie schon einmal in einem Studio trainiert? *(Informationsgewinnung)*

Hr.F.: Nein noch nie, ich bin mir nicht sicher ob ich das gut in meine Alltag integrieren kann, das hat mich immer abgehalten.

B.: Wie entschlossen sind Sie denn, mit dem Training zu beginnen – ganz abgesehen ob Sie das bei uns tun oder wo anders – auf einer Skala von 1-100?

Hr.F.: Wenn ich mir sicher bin, dass ich das mit meinem Alltag unter einen Hut bekommen kann, dann ca. 80.

B.: Was könnte sich Ihrem Vorhaben noch in den Weg stellen? *(Barrieremanagement)*

Hr.F.: Wenn meine Schmerzen nicht besser werden, könnte mich das am Training hindern.

B.: Wie oft pro Woche würden Sie kommen? Und wie lange haben Sie dann Zeit? *(Informationsgewinnung)*

Hr.F.: Das weiß ich noch nicht genau, aber ich denke 2 mal wöchentlich für eine Stunde könnte ich es schaffen.

B.: Das klingt sehr gut. Wir haben verschiedene Möglichkeiten – würden Sie lieber alleine oder in der Gruppe trainieren? *(Unterstützung bei der Intentionsbildung)*

Hr.F.: Ich glaube ein gezielter Kurs für meine Beschwerden würde mir am Besten gefallen. Gibt es denn so etwas bei Ihnen?

B.: Ja, wir haben 2 mal pro Woche eine Rückenschule im Angebot. Was haben Sie sich vorgestellt, was sie in etwa ausgeben möchten?

Hr.F.: Ich dachte an ca. 50-60€ im Monat, reicht das?

B.: Ja, damit kommen wir in etwa hin. Haben Sie jemanden, der sie bei Ihrem Vorhaben unterstützen kann? *(soziale Unterstützung)*

Hr.F.: Ja meine Frau unterstützt mich, sie möchte ja schließlich auch, dass ich keine Schmerzen mehr habe.

B.: Das ist sehr gut, es ist wichtig, dass Ihnen jemand hilft am Ball zu bleiben. Gibt es sonst noch etwas, dass wir mit berücksichtigen sollen? (*offene Frage, Informations-gewinnung)*

Hr.F.: Nein, ansonsten geht es mir gut – ich hatte bis vor ein paar Monaten auch noch nie irgendwelche Beschwerden.

B.: Na das hört man doch gerne. Also, ich möchte das nochmal zusammen fassen. Sie haben seit einigen Monaten akute Rückenschmerzen und möchten diese los werden. Diese Schmerzen bedrücken Sie sowohl physisch als auch psychisch.
Ihre einzige Sorge bei der Umsetzung Ihres Planes ist die, dass sie das Training, nicht in den Alltag integrieren können. Habe ich das richtig verstanden? *(aktives Zuhören, Verstehen)*

Hr.F.: Ja genau, da ich so etwas noch nie gemacht habe, weiß ich einfach nicht ob das auch so klappt wie ich mir das vorstelle.

B.: Ich habe einen Vorschlag für Sie – Wir machen Ihre Mitgliedschaft fertig und Sie bekommen eine Wohlfühlgarantie von einem Monat. Dann können Sie einen Monat lang herausfinden, wie Sie das Training am Besten in Ihren Alltag integrieren. Ich gebe Ihnen einen Kursplan mit, damit Sie wissen wann die beiden von Ihnen gewünschten Kurse stattfinden. Wie klingt das für Sie? *(Handlungsplan)*

Hr.F. Ja das klingt super, dann machen wir das so! Vielen Dank.

4 Literaturverzeichnis

Deutsches Ärzteblatt (Hrsg) (2011) WHO: Chronische Erkrankungen die häufigste Todesursache. Zugriff an 11.05.16. Verfügbar unter http://www.aerzteblatt.de/nachrichten/45602

Pflegewiki (Hrsg) (2005-2016) Chronische Krankheit. Zugriff am 11.05.16. Verfügbar unter http://www.pflegewiki.de/wiki/Chronische_Krankheit

Prof. Dr. Andrea Pieter (2015). Deutsche Hochschule für Prävention und Gesundheitsmanagement (Hrsg) Studienbrief Psychologie des Gesundheitsverhaltens.

Prof. Dr. Markus Herrmann (Hrsg) Beratung. Zugriff am 11.05.16. Verfügbar unter http://markusherrmann.org/gesundheitsberatung/

Rene Gräber (Hrsg) (2016) Chronische Erkrankungen und chronische Krankheiten. Informationen aus der Naturheilpraxis von Rene Gräber. Zugriff am 11.05.16. Verfügbar unter http://www.naturheilt.com/Inhalt/ChronischeKrankheit.htm

Robert Koch-Institut (Hrsg) (2014) Chronisches Kranksein. Faktenblatt zu GEDA 2012: Ergebnisse der Studie „Gesundheit in Deutschland aktuell 2012" Zugriff am 11.05.16. Verfügbar unter http://www.rki.de/DE/Content/Gesundheitsmonitoring/Gesundheitsberichterstattung/GBEDownloadsF/Geda2012/chronisches_kranksein.pdf?__blob=publicationFile

Sabine Ruholl geb. Grisar (2007). Medizinischen Fakultät der Rheinisch-Westfälischen Technischen Hochschule Aachen (Hrsg) Selbstwirksamkeit als Indikator für psychische Störungen -Status und Verlauf. Zugriff am 11.05.16. Verfügbar unter: http://publications.rwth-aachen.de/record/62753/files/Ruholl_Sabine.pdf

5 Abbildungs- und Tabellenverzeichnis

5.1 Tabellenverzeichnis

5.2 Abbildungsverzeichnis